SOBREVIVÍ

EL TERREMOTO DE SAN FRANCISCO, 1906

SOBREVIVÍ

LOS ATAQUES DE TIBURONES DE 1916

EL NAUFRAGIO DEL *TITANIC*, 1912

EL TERREMOTO DE SAN FRANCISCO, 1906

SOBREVIVÍ

EL TERREMOTO DE SAN FRANCISCO, 1906

Lauren Tarshis

ilustrado por Scott Dawson

Scholastic Inc.

Originally published in English as *I Survived the San Francisco Earthquake, 1906*

Translated by Indira Pupo

ISBN 978-1-338-60121-3

10 24

Printed in the U.S.A. 40
First Spanish printing, 2020
Designed by Tim Hall

A VALERIE

CAPÍTULO 1

18 DE ABRIL DE 1906

RINCON HILL

5:12 A.M.

SAN FRANCISCO, CALIFORNIA

Todavía no había salido el sol cuando la tierra comenzó a temblar.

La mayoría de los habitantes de San Francisco aún dormía. Solo unos pocos estaban despiertos. Los comerciantes organizaban sus tiendas, alistándose para comenzar el día. Los cocheros alimentaban a sus caballos. Los repartidores de periódicos corrían por las aceras recogiendo los periódicos que saldrían a vender.

Leo Ross, de once años, estaba en un edificio destartalado en lo alto de Rincon Hill.

Cuando comenzó el estruendo, pensó que se trataba de un trueno. No sabía que, en las entrañas de la ciudad, dos gigantescos pedazos de tierra se empujaban entre sí. Poderosas sacudidas removían las capas subterráneas de roca y tierra. Las calles se agrietaban y se abrían. Los edificios se balanceaban. Las paredes se desmoronaban y las casas se derrumbaban. Vidrios rotos, trozos de madera y montones de ladrillos rodaban por las calles.

Leo se quedó paralizado mientras el suelo bajo sus pies se levantaba y rompía como las olas del océano. Unos pedazos de yeso le golpearon la cabeza. Las ventanas se hicieron añicos, salpicando vidrios alrededor.

El chico trató de gritar, pero tenía la garganta llena de polvo.

Quiso correr, pero no podía. El temblor era muy fuerte.

Entonces, escuchó un sonido parecido al de una explosión y el techo se abrió de golpe sobre él.

Un ladrillo lo golpeó en la espalda. *Pum.*

Y otro le cayó en el hombro. *Crac.*

¡Cataplán!

Comenzaron a llover docenas de ladrillos.

Leo cayó al suelo y se hizo un ovillo.

Los ladrillos continuaron cayendo.

No podía ver nada.

No podía respirar.

Muy pronto estaría enterrado vivo.

CAPÍTULO 2

20 HORAS ANTES

—¡El presidente Roosevelt visitará la ciudad! —gritó Leo—. ¡Entérese de los detalles!

Estaba en su esquina, vendiendo el periódico del día. La acera estaba abarrotada de hombres que se dirigían deprisa al trabajo y apenas se detenían para darle unos centavos y arrebatarle el periódico de las manos.

Eran apenas las 7:00 de la mañana y ya había

vendido casi todos los periódicos. Hizo sonar los bolsillos repletos de monedas y pensó en el panecillo fresco que se compraría para el desayuno. Quizás también compraría un vaso de leche fría para acompañarlo.

Sonrió. Su papá estaría muy orgulloso de él.

Se dio una palmadita en el bolsillo derecho del pantalón y palpó la pepita de oro que siempre llevaba consigo.

A simple vista parecía una roca amarilla masticada, pero él sabía que valía una fortuna. Probablemente ganaría más dinero con ella que con la venta de periódicos de varios meses. No obstante, preferiría vender su corazón antes que deshacerse de aquella pepita de oro.

Su abuelo la había encontrado en el lecho de un río al este de la ciudad durante la fiebre del oro. Se la había dado a su papá, que la llevaba consigo a todas partes. Su abuelo enfermó y murió antes de que él naciera, pero su papá mantuvo vivo su recuerdo a través de las historias que le contaba de él. Cada noche, cuando lo llevaba a la cama, sacaba la pepita de oro y se la daba. Él la sostenía con fuerza en la mano mientras escuchaba las aventuras de su abuelo: cómo atravesó solo los Estados Unidos en una vieja y destartalada carreta, cómo casi fue devorado por un gigantesco oso pardo en las Montañas Rocosas, cómo sobrevivió un incendio forestal en la sierra y cómo vivió en San Francisco cuando la ciudad era apenas un puñado de casas desvencijadas sobre el lodo.

—Eres como tu abuelo —le decía siempre su papá—. Puedo verlo en tus ojos. Tienes su buena estrella y sus agallas. Algo increíble te sucederá. Lo presiento. ¿Acaso tú no?

Leo sentía algo diferente. Sentía la manera en que su papá lo miraba, con los ojos llenos de brillo.

En estos últimos meses, desde que su papá muriese a causa de la fiebre, no se le quitaba la tristeza; un sentimiento tan frío y gris como la niebla de San Francisco. Se sentía asustado y muy solo. Hasta el cuerpo le dolía de tanto extrañarlo.

Pero entonces recordaba a su abuelo, quien se había abierto camino por sí mismo desde New Hampshire hasta California con solo dieciséis años. También escuchaba la voz diáfana de su papá en la cabeza, diciéndole que era un chico valiente y afortunado y que algo increíble le sucedería. La escuchaba muy alta y clara en aquel día soleado.

Al menos así fue hasta que terminó de vender

los periódicos y comenzó a caminar por un callejón, cortando camino rumbo a Market Street, sin notar que dos chicos se le acercaban silenciosamente por detrás.

Lo próximo que recordaría era un violento empujón que lo lanzó contra una pared de ladrillos y la sangre que le brotaba de la nariz.

CAPÍTULO 3

—Dámelo —dijo una voz ronca.

Leo no tuvo que verle la cara para saber quién hablaba.

Era Fletch Sikes, el ladrón más despiadado del vecindario. El otro chico debía ser Wilkie Barnes, un grandulón que siempre andaba con él.

Decían que Fletch había sido atacado por una manada de perros callejeros cuando tenía apenas cinco años. El chico sobrevivió, pero uno de los perros le mordió la garganta, arruinándole la voz y volviéndolo agresivo.

Fletch y Wilkie no solo robaban carteras y comida. En ocasiones, golpeaban a los niños solo por diversión.

Unos meses atrás, la policía los había atrapado y enviado a una granja de trabajo en el norte.

Leo también había escuchado el rumor de que habían escapado. Supo que estaban escondidos en una taberna abandonada en Rincon Hill.

Y ahora estaban aquí, de vuelta a sus andadas.

—Pueden llevarse el dinero —dijo Leo, tratando de no sonar tan aterrado como en realidad estaba.

—No queremos tu dinero —dijo Wilkie.

El chico era un verdadero monstruo. Debía pesar casi trescientas libras y tenía unos cachetes regordetes como un bebé. Un bebé con un puño de acero.

—¿Qué quieren? —preguntó Leo; las rodillas le temblaban.

—Tú sabes —gruñó Fletch.

A Leo se le detuvo el corazón. Por supuesto que sabía.

De alguna manera, Fletch se había enterado de la existencia de la pepita.

Pero ¿cómo?

No se lo había contado a nadie.

Excepto a… Morris, esa pequeña alimaña que zumbaba como una mosca a su alrededor.

Unas semanas atrás, le había mostrado la pepita de oro. Seguramente él se había ido de lengua con los chicos de la calle y la historia había llegado a oídos de Fletch y Wilkie.

Fletch empujó la cara de Leo con más fuerza contra la pared. El chico sintió que los huesos del rostro se le quebraban como una cáscara de huevo.

—Tomen el dinero —repitió—. Tengo más de un dólar. Llévenselo todo.

—Eso haremos —dijo Fletch, con su risa endemoniada—, pero también queremos el oro.

Dáselo.

La voz del papá de Leo retumbaba en su cabeza. Sabía que no tenía manera de vencer a estos rateros ni de escapar de ellos. Wilkie era el chico más rápido del vecindario. Pero esa pepita había sido la posesión más preciada de su padre. No podía renunciar a ella así de fácil.

—No —gritó con todas sus fuerzas.

Se volteó y logró zafarse de las garras de Fletch. Había dado solo tres pasos cuando Wilkie lo agarró por la camiseta y lo tiró al suelo.

¡Pum!

Leo cayó con fuerza y se mordió la lengua.

—¡Que me lo des! —gritó Fletch, con su voz espeluznante.

—¡No! —gritó Leo una vez más.

Lo que sucedió después solo tomó un minuto.

Wilkie levantó a Leo por la camiseta y lo sostuvo en el aire mientras Fletch le vaciaba los bolsillos. Luego lo lanzó sobre un montón de basura. Los delincuentes se alejaron, riendo.

A Leo le sangraba la boca y la cabeza le quería explotar, pero lo peor era el dolor mordaz que sentía, como si le hubieran arrancado algo en su interior.

La pepita de oro había desaparecido.

CAPÍTULO 4

Leo no tenía idea de cuánto tiempo había pasado.

Entonces, una voz distante que lo llamaba por su nombre lo despertó de su letargo.

¿Papá?

—¡Leo! ¡Leo Ross! ¿Dónde estás?

Leo lanzó un quejido.

Morris.

¿Por qué ese chico lo fastidiaba constantemente? Desde el día en que se conocieron, Morris se comportó como si fueran hermanos que no se habían visto en años. Ambos vivían en la misma pensión: él, solo en un sótano diminuto; y Morris, arriba con su tío, un hombre sudoroso y barrigón que les gritaba a las niñas cuando se ponían a jugar a las muñecas en las escaleras. Todos los días, cuando él llegaba a casa, Morris lo estaba esperando en la puerta. El chico trabajaba en una tienda de comestibles, pero pasaba cada segundo de su tiempo libre en la biblioteca pública. Siempre tenía algo nuevo que contar.

"Leo, ¿sabías que el nombre en latín de la rata que vive bajo los escalones del frente es *Rattus rattus*?".

"Leo, ¿sabías que este vecindario solía ser un pantano? Lo rellenaron con basura y madera vieja, y luego construyeron estos edificios".

"Leo, ¿sabías que en la biblioteca de San Francisco hay un millón de libros?".

En su corazón, sabía que Morris solo quería ser su amigo, pero él no necesitaba amigos. Mucho menos un amigo como ese flaco bobalicón que no sabía cuándo callarse. Un chico como ese no le convenía. ¿Qué estaría pensando cuando le mostró la pepita de oro?

Recordó aquella noche, varias semanas atrás, cuando se encontró a Morris sentado solo en los escalones de la tienda de cigarros que había cerca de la pensión. Al principio, pensó que podría escabullirse y escapar de él al menos por un día, pero Morris se veía triste, y no pudo seguir de largo sin saber qué le pasaba.

Pasó un buen rato para que Morris lo soltara: su tío casi nunca estaba en casa y apostaba todo su dinero, incluidos los pocos centavos que Morris ganaba en la tienda.

—Tengo que irme de aquí —dijo—. Mi mamá tiene dos primos en Nueva York. Los conocí una vez. ¡Te caerían bien, Leo! Ambos son maestros. Me dijeron que podría ir a su escuela. Siempre decían que sería bienvenido cuando quisiera visitarlos.

—¿Por qué no te vas? —preguntó Leo. ¡Así

podría vivir finalmente en paz!

—¿Cómo? —dijo Morris—. No tengo dinero para el tren. Mi tío no hace más que reírse cuando se lo menciono. Estoy atrapado aquí.

Nada parecía reconfortarlo. Leo buscó en su bolsillo y sacó la pepita de oro. Se la puso a Morris en la mano, como su papá solía hacer con él.

A Morris casi se le salen los ojos de sus órbitas.

Leo le contó sobre su abuelo y cómo la gente se reía de él cuando decía que algún día atravesaría el país por sus propios medios. Por supuesto, él sabía que Morris no se parecía en nada a su abuelo, pero la historia tuvo el efecto de un hechizo.

¿Qué hacía ahora Morris buscándolo por las calles? ¿No podía ocuparse de sus propios asuntos al menos un día? Él era la causa de que Fletch y Wilkie le hubiesen robado su pepita y de que estuviera sangrando, tirado en un callejón. Era la última persona que deseaba ver.

Se quedó callado, con la esperanza de que siguiera de largo.

Pero no, Morris continuó llamándolo y buscándolo. Y, de pronto, ahí estaba, agachado junto a él.

—He estado buscándote por todas partes —dijo—. ¡Sabía que algo te había pasado!

Morris sacó un pañuelo y comenzó a limpiar la sangre coagulada de la cara de Leo.

—Quien sea que te haya hecho esto —dijo, enojado—, ¡me las pagará!

Leo se hubiese reído, pero le dolía mucho la quijada.

—Fueron Fletch Sikes y Wilkie Barnes —masculló—. Se robaron mi pepita de oro.

Morris se quedó sin aliento.

—Tú eras el único que sabía de la existencia de esa pepita —añadió Leo.

—¡No le dije nada a Fletch Sikes! —dijo Morris.

—Pero se lo dijiste a alguien, ¿verdad?

Morris dejó caer los hombros.

—Puede que lo haya mencionado frente a

algunos chicos en la tienda —dijo—. Era una historia tan fascinante, y… bueno, les llamó mucho la atención.

Leo negó con la cabeza. Morris estaba tan desesperado por hacer amigos que había divulgado su más íntimo secreto. Sentía ganas de pegarle.

Sin embargo, nadie podía estar más arrepentido que Morris.

Leo suspiró. Enojarse con el chico no le devolvería la pepita.

Dejó que lo ayudara a levantarse. Juntos, lograron regresar a la pensión.

Morris parloteó durante todo el trayecto.

—Te voy a ayudar a recuperar el oro —dijo, mientras pasaban la puerta de entrada.

—Mañana estará vendido.

Morris frunció el ceño.

—Lo sé. Por eso tenemos que recuperarlo esta noche.

—¿Tenemos? —preguntó Leo.

Ahora sí tenía que reírse. ¿Creía Morris que podría enfrentarse a Fletch y a Wilkie?

—Por supuesto que no nos lo darán tan fácilmente —dijo Morris, sin contestar la pregunta—. Tenemos que encontrar la manera de engañarlos.

Leo miró a Morris y, en ese momento, no le pareció un flaco bobalicón.

Tenía una mirada reflexiva y tenaz que le recordó la expresión del presidente Roosevelt en la primera plana del periódico. Lo único que le faltaba era el bigote tupido.

Pero ¿qué sabía realmente Morris del mundo? En la biblioteca no había libros sobre chicos como Fletch y Wilkie.

Le dio las gracias y, antes de que Morris dijera otra palabra, se precipitó a su pequeño sótano y cerró la puerta de un portazo.

CAPÍTULO 5

Leo se sentó sobre la mugrosa manta para caballos que le servía de cama.

Se frotó la quijada adolorida y el estómago le rugió.

Pensó que lo mejor sería cerrar los ojos, quedarse dormido y olvidarse de ese día; y eso fue lo que hizo, pero se quedó pensando en lo que Morris había dicho: "Los podríamos engañar". Tenía esas palabras clavadas en la mente.

Se levantó y encendió una vela.

Quizás Morris estuviera tramando algo. Por supuesto que él solo no podría conseguir que aquellos delincuentes le devolvieran su oro tan fácilmente. Pero quizás había una manera de engañarlos, como cuando su abuelo engañó al oso pardo. Podía escuchar la voz de su papá contándole la historia.

Era 1849 y habían descubierto oro en el lecho de un río al norte de California. Su abuelo, que solo tenía dieciséis años, se dirigía al oeste en busca de fortuna. Había sido un viaje difícil: unos bandidos lo habían asaltado cerca de San Luis y estuvo a punto de ser mordido por una serpiente de cascabel de 4 pies de largo en territorio indio. Finalmente, alcanzó las cumbres de las Montañas Rocosas. Era una región agreste pero hermosa, con arroyos tan azules como el cielo y campos de flores silvestres que se extendían como un arcoíris.

El sol se había puesto y su abuelo había acampado y encendido el fuego. Fue a buscar un poco de leña para la noche y regresaba por una colina cuando vio un oso gigantesco.

"Su tamaño era tres veces el de un hombre", decía su papá, estirando los brazos hacia el techo.

El oso se paró en dos patas y rugió, mostrando unos dientes enormes. Su abuelo sabía que había osos pardos en las Montañas Rocosas y que eran más veloces que los pumas. Podían trepar a los árboles. Podían despedazar a una persona con un zarpazo. Contempló las garras del oso. Parecían diez puñales negros que brillaban en la luz del crepúsculo.

El oso se paró firme, listo para atacar.

Lo único en lo que pensaba su abuelo era en correr, pero nadie se le escapa a un oso pardo. Son demasiado veloces. Todos los viajeros lo saben y, aun así, no lo pueden evitar. El instinto de salir corriendo es tan fuerte que no se puede resistir.

Sin embargo, él no era un hombre común y

corriente. A pesar de que cada músculo de su cuerpo estaba listo para salir huyendo, plantó los pies en la tierra.

"Piensa —se repetía a sí mismo—. Piensa".

No podía escapar del oso ni matarlo. Su arma estaba en la tienda de campaña. Su única esperanza era poder ahuyentarlo.

Pero ¿cómo?

Entonces, recordó algo: el cascabel.

El cascabel de la monstruosa serpiente que había matado en territorio de los indios Pawnee.

El animal tenía el grosor de una de sus piernas y su cascabel medía cinco pulgadas de largo.

La serpiente pudo haberlo matado. Casi la pisotea mientras cazaba conejos por las llanuras de pastizales. En el momento en que escuchó el sonido del cascabel, ya estaba enrollada y lista para atacar.

Shhshhshhshhshhshhshhshhshhshhshh,
shhshhshhshhshhshhshhshhshhshhshh,
shhshhshhshhshhshhshhshhshhshhshh.

Sin pensarlo, su abuelo sacó el cuchillo del cinturón y se lo lanzó. De pura casualidad, la hoja del cuchillo atravesó la cabeza de la serpiente, pero esta no murió en el acto. Comenzó a dar violentas volteretas, enrollándose alrededor de una de sus piernas. No tuvo más remedio que golpearla con la culata del rifle para matarla.

Cuando finalmente murió, le cortó el cascabel para que le diera buena suerte.

Lejos de aquellas llanuras de pastizales, el oso pardo le rugía, acercándose peligrosamente. Metió la mano en el bolsillo y comenzó a agitar el cascabel de la serpiente. El sonido se elevó y llenó el lugar.

Shhshhshhshhshhshhshhshhshhshhshh,
shhshhshhshhshhshhshhshhshhshhshh,
shhshhshhshhshhshhshhshhshhshhshh.

Su abuelo tenía la esperanza de que los osos pardos les temieran a las serpientes de cascabel. Esperaba poder engañar al oso, haciéndolo pensar que él era una especie de hombre serpiente gigante; un monstruo aterrador.

El oso miró a su alrededor y su abuelo pudo ver el miedo en sus ojos. Soltó un último rugido y echó a correr.

Ahora, sentado sobre su manta mugrosa, Leo se dio cuenta de que Morris tenía razón. Quizás había una manera de asustar a Fletch y a Wilkie, de engañarlos para que le devolvieran su pepita, de la misma forma en que su abuelo había engañado al oso. En mitad de la noche, elaboró un plan.

CAPÍTULO 6

Leo ideó su plan gracias a una historia que todos los niños de San Francisco conocían: una historia de fantasmas sobre un hombre llamado Corey Drew. El hombre se había hecho rico durante la fiebre del oro y se había mudado a San Francisco. Se asentó en Rincon Hill, que era el vecindario más elegante de la ciudad en aquella época. Estaba listo para construirse una gran mansión, casarse con una dama de buena familia y comenzar una nueva vida.

Entonces, una noche, mientras se dirigía a Rincon Hill, lo asaltaron y lo mataron a puñaladas.

Nunca se descubrió al asesino, pero los viejos decían que su fantasma aún vagaba por las calles de ese vecindario.

Leo no le tenía miedo a Corey Drew. Sin embargo, algunos niños temían andar por Rincon Hill de noche. Hasta había una canción espeluznante que todos los niños de San Francisco se sabían tan bien como el abecedario:

En Rincon Hill, allá en lo alto
Vivía un hombre que nunca murió.
Corey Drew, Corey Drew
Te está mirando, te está mirando.
Corey Drew, Corey Drew.
Si ves un cuervo, estás acabado.
Tarde en la noche, todo está oscuro.
Y podrás morirte de miedo.

Leo sabía que Fletch y Wilkie no le temían ni a

él ni a otros niños. Ni siquiera le temían a la policía. Pero quizás le tendrían un poco de miedo al fantasma de Corey Drew.

Su plan consistía en hacerles creer que el fantasma venía a atraparlos.

Se pondría un viejo y andrajoso sombrero de su papá y harina en la cara para parecer un cadáver. Tenía una vela, que sostendría debajo del mentón para que le diera un aspecto fantasmagórico.

"¡Devuélvanme mi oro!", susurraría.

Era posible que, medio soñolientos, Fletch y Wilkie creyeran que realmente estaban viendo un fantasma y se asustaran tanto que le entregasen la pepita de oro.

Sabía que era una idea descabellada, pero no más descabellada que ahuyentar a un oso hambriento con el cascabel de una serpiente.

Eran pasadas las 4:30 de la mañana cuando Leo se encaminó hacia Rincon Hill.

Había decidido salir antes del alba. Necesitaba que aún estuviera oscuro para que su plan funcionara, pero en caso de que algo saliera mal, quería que al menos hubiera un par de personas en la calle. Enseguida se daría cuenta si Fletch y Wilkie habían caído en su trampa. De no ser así, tendría que huir inmediatamente.

No obstante, no veía ni un alma mientras caminaba por las estrechas calles rumbo a Rincon Hill. Escuchó palabrotas e insultos que salían de los callejones; apostadores probablemente. Sintió el llanto de un bebé a través de una ventana y oyó el traqueteo de un carro de la leche, pero las calles estaban desiertas.

Solo veía perros. Parecían estar en todas partes, entrando y saliendo por las puertas, corriendo por las calles, tiritando de frío. Sus aullidos saturaban el aire.

¡Aaaaauuuuuuuuuuuuuuuuuuuuuuuuuu!

¡Aaaaauuuuuuuuuuuuuuuuuuuuuuuuu!

Nunca había escuchado un sonido como ese,

y se preguntó qué les pasaría.

Su papá decía que su abuelo siempre escuchaba el aullido de los lobos. "Ellos siempre saben cuándo el peligro acecha", añadía.

¿Acaso los perros sabían algo que él ignoraba? ¿Estarían tratando de decirle que huyera?

"No seas estúpido", se dijo.

Quizás los perros aullaban así todas las noches mientras él dormía profundamente. Estaba dejando que el miedo se apoderara de él.

Recordó algo que su papá siempre decía: "Los valientes se asustan todo el tiempo. El verdadero valor consiste en no dejar que el miedo te detenga".

Leo pensó en los ruidos que su abuelo debió haber escuchado en las Montañas Rocosas: el ronroneo de los pumas y el chillido de las lechuzas; los disparos de bandidos y asesinos. ¿Acaso había dejado que esos ruidos lo asustaran?

¡Por supuesto que no!

Había seguido adelante.

Y él hizo lo mismo.

Rincon Hill ya no era un vecindario elegante. La mayoría de las grandes mansiones se habían convertido en pensiones. Otras calles tenían hileras de casitas de madera apiñadas como dientes en una sonrisa retorcida.

Llegó a la esquina de Essex y Folsom y vio un edificio en ruinas. Una parte del techo se había desplomado. La enorme chimenea se alzaba hacia el cielo negro. La ventana delantera estaba hecha añicos y la puerta de entrada colgaba de las bisagras.

¿Era este el lugar?

Tenía que serlo. Los otros edificios eran casas comunes y corrientes.

Leo se paró en los escalones, a sabiendas de que podía perder el control en cualquier momento. Respiró profundo, empujó la puerta y entró.

Encendió la vela y la sostuvo frente a él.

Siempre imaginó que el escondite de Fletch y Wilkie sería como una guarida de piratas. Imaginaba sofás aterciopelados y finas alfombras

robadas de las mansiones de Nob Hill, pero el lugar era un cuchitril. Había sillas y mesas rotas amontonadas en una esquina y desperdicios apilados en otra. El aire era frío y húmedo y apestaba a basura y a ratas. De pronto, vio dos sombras reflejadas en el suelo de la parte trasera de la taberna.

Se acercó.

Eran Fletch y Wilkie, profundamente dormidos. Ni siquiera tenían una vieja manta que compartir. Se cubrían con periódicos.

"Increíble", pensó Leo. Este lugar era peor que su pequeño cuarto de la pensión.

Echó un vistazo alrededor con la esperanza de encontrar su pepita de oro. Había un ratón muerto y rígido cerca de un pie de Wilkie, pero el oro no estaba por ninguna parte.

Se llenó de valor y se puso la vela debajo del mentón. Cerró los ojos y pensó en su abuelo.

—Devuélvanme mi oro —susurró, y luego lo repitió más fuerte—: ¡Devuélvanme mi oro!

CAPÍTULO 7

Fletch fue el primero en abrir los ojos.

—¡Qué diab…! —soltó, dando un brinco.

La vela de Leo le daba un brillo escalofriante a la habitación.

Wilkie se movió, refunfuñó y siguió durmiendo. Fletch lo pateó con fuerza en un costado.

—¿Qué? —dijo Wilkie, incorporándose. Enseguida fijó la mirada en Leo—. ¿Quién es ese?

—Devuélvanme mi oro —volvió a susurrar Leo.

Los chicos lo miraron y pudo ver un destello de miedo en los ojos de Wilkie.

—¡Es ese hombre! —dijo Wilkie.

—¿Qué hombre? —preguntó Fletch con la voz más ronca que nunca.

—Larguémonos de aquí —dijo Wilkie.

Leo vio a Fletch titubear por un segundo, pero aún lo miraba con expresión dura y desconfiada. Sabía que el chico no era tonto. El plan no estaba saliendo bien.

"¡Corre! —se dijo—. ¡Sal de aquí ahora mismo!".

Sin embargo, por alguna extraña razón, se mantuvo firme en el lugar. Se paró en puntas de pie para parecer más alto. Imaginó que realmente era el fantasma de un hombre asesinado. Hasta donde sabía, Fletch y Wilkie no eran asesinos, pero le habían hecho daño a mucha gente. Si alguien merecía ser atormentado, eran esos dos.

—Sé lo que han hecho —susurró Leo de la misma manera en que lo hacía su papá cuando le contaba sus historias nocturnas—. Serán castigados.

Wilkie estaba aterrorizado. Parecía como si le hubieran echado una maldición.

Pero entonces se sintió un ruido que venía del frente de la taberna.

Todos se voltearon y, por un segundo, Leo creyó que aparecería el fantasma de Corey Drew en la entrada.

En lugar de eso, vio una figura delgada y familiar: Morris.

Leo sintió que el corazón se le desbocaba.

Fletch soltó una carcajada. Se incorporó, caminó hasta Morris y lo agarró por el cuello. Luego lo arrastró y lo empujó violentamente contra Leo. La vela del chico cayó al suelo y la oscuridad se apoderó casi por completo de la vieja taberna.

Eso no detuvo a Fletch y a Wilkie. Mientras este último sujetaba a Leo y a Morris contra la pared, Fletch se acercó a ellos.

Leo podía sentir el vaho de su aliento putrefacto. Fletch le quitó el sombrero y lo golpeó con él en la cara.

—Hace tiempo que tu oro desapareció —soltó, con un gruñido repugnante.

Entonces, golpeó a Morris en el estómago. El chico se dobló de dolor, quejándose.

—¡Oye! —dijo Leo.

Sin pensarlo, le dio un fuerte empujón a Fletch, que tropezó y cayó al suelo. Con la luz vaga del amanecer, pudo ver la mirada escalofriante del chico. Era la mirada de una serpiente de cascabel lista para atacar.

Fletch se incorporó de un salto y se abalanzó hacia Leo, que cerró los ojos y se preparó para la golpiza. Sintió que comenzaba a temblar.

Pero… no era él quien temblaba.

Era la casa.

Se escuchó un ruido extraño, como un trueno que retumbaba desde el centro de la tierra.

El temblor se hizo más fuerte. El ruido se elevó

y el estruendo fue tal que a Leo le dolieron los oídos.

El suelo brincaba bajo sus pies.

—¿Qué pasa? —preguntó Wilkie.

Morris agarró a Leo del brazo.

—¡Es un terremoto! —gritó—. ¡Tenemos que salir de aquí!

CAPÍTULO 8

Leo no podía correr. El temblor se lo impedía. El suelo subía y bajaba, lanzándolo al aire y dejándolo caer. Llovía yeso del techo y un remolino de polvo le cubrió los ojos, la nariz y la boca.

El estruendo era cada vez mayor, como si cien trenes de carga se precipitaran contra la casa haciendo sonar sus silbatos. El temblor cesó por unos segundos y Leo logró ponerse de pie. Dio unos pasos hacia la puerta, tambaleándose, pero la tierra comenzó a temblar de nuevo con más fuerza que antes. Fletch le pasó por el lado a toda velocidad. Lo vio atravesar la puerta de un salto. El estruendo arreció aún más y él cayó nuevamente al suelo. Ahora todo el edificio parecía subir y bajar, retorciéndose.

¡Crash! Algo lo golpeó violentamente en la espalda.

Luego algo más lo golpeó en el hombro. *¡Crac!*

Ladrillos. Estaban cayendo ladrillos del techo. La enorme chimenea se desplomaba.

Sabía que tenía que salir de allí, pero no lograba siquiera ponerse en pie. Se hizo un ovillo, estaba seguro de que quedaría enterrado vivo.

De pronto, unas manos lo agarraron por el brazo. Alguien lo estaba halando.

¡Era Morris!

Juntos, se precipitaron hacia la puerta. Aterrizaron forzosamente en la acera, y entonces:

¡Crac!

¡Bum!

El edificio se vino abajo, disparando cientos de ladrillos por la puerta. Si se hubiesen demorado unos segundos más, los escombros se los hubiesen tragado vivos.

La tierra volvió a estremecerse con fuerza y luego se detuvo.

El suelo dejó de moverse.

El silencio era casi tan aterrador como lo había sido el ruido. Leo se acostó boca abajo, con miedo de moverse e incluso de respirar. ¿Qué pasaría ahora? Nunca había presenciado un terremoto. Estaba convencido de que la tierra comenzaría a temblar de nuevo.

Morris estaba a su lado, con la cara cubierta de polvo y de sudor. Se le había formado un desagradable bulto debajo del ojo. Al igual que él, estaba demasiado conmocionado para hablar.

En ese momento miró el panorama a su alrededor.

¿Era este el vecindario por donde había caminado hacía apenas unos minutos? Parecía como si un gigante enfurecido hubiera atravesado la ciudad, saltando sobre algunas casas y pisoteando otras. Ladrillos, piedras y vidrios cubrían las aceras y las calles. Algunas casas viejas se habían desplomado. Otras daban la impresión de que se derrumbarían con apenas un estornudo.

La gente estaba de pie en las aceras, aterrorizada.

Las familias se apiñaban y los bebés rompían el silencio con su llanto. Algunos estaban tendidos sobre la acera, inmóviles.

Leo miró detenidamente los edificios desmoronados a su alrededor. ¿Cuántas personas estarían atrapadas? Debía haber cientos de ellas enterradas vivas.

O muertas.

A Fletch y a Wilkie no se les veía por ninguna parte.

Sintió que el miedo se apoderaba de él. ¿Qué haría ahora? ¿Adónde iría? Ya había sido bastante difícil para él salir adelante solo. ¿Cómo sobreviviría en esta ciudad en ruinas?

Mil preocupaciones le vinieron a la mente. Se imaginó vagando por las calles llenas de escombros y buscando comida como una rata. Ni siquiera su abuelo había tenido que enfrentar algo semejante.

Morris lo miró pensativo.

—Por eso los perros no paraban de ladrar —dijo.

—¿Qué? —preguntó Leo.

—Los perros. ¿No los escuchaste ladrando? Los animales pueden percibir los terremotos antes de que ocurran. Pueden sentir las vibraciones que vienen de las profundidades de la tierra. Lo leí en un libro.

¿En serio? ¿Cómo se le ocurría a Morris hablar de un libro en medio de aquella destrucción? ¡Le parecía increíble!

Leo se puso de pie y se sacudió, pero la tierra emitió nuevamente un sonido sordo. Se paralizó y se preparó para lo peor.

Un estruendo se sintió al final de la calle: otro edificio se desplomaba.

De repente, el temblor cesó otra vez.

—Réplicas —dijo Morris—. La tierra seguirá moviéndose durante días.

¿Acaso había algo que Morris no supiera?

La gente gritaba detrás de ellos.

—¡Fuego! —dijo un hombre.

Una columna de humo negro brotaba de una de las casas derrumbadas.

—Tenemos que salir de aquí —dijo Morris—. Huele a gas. El terremoto ha roto las tuberías del gas. Esta colina estará en llamas en cuestión de una hora.

Leo se estremeció. A nada le temía tanto como al fuego. Pensó en el incendio que su abuelo había sobrevivido en las montañas de Sierra Nevada. Esa fue la ocasión en la que estuvo más cerca de la muerte durante su viaje al oeste. La historia lo asustaba tanto que su papá se la había contado en pocas ocasiones.

—¿Adónde vamos? —preguntó.

—No estoy seguro —dijo Morris—, pero

tenemos que alejarnos de aquí. Deberíamos ir hacia el oeste, hacia el Golden Gate Park.

—¿Y tu tío?

La mirada de Morris se nubló por un instante.

—Se fue de la ciudad hace días —dijo—, a jugar póquer o algo así.

—¿No sabes dónde está?

Morris negó con la cabeza.

"Por eso siempre me esperaba para ir a casa. Estaba solo", pensó Leo.

—Vaya tío —dijo.

—No importa —dijo Morris, resignado—. Te tengo a ti.

De repente, Leo sintió que se calmaba. Miró a Morris. Como siempre, tenía razón. Lo tenía a él, y él, a su vez, no estaba solo.

Morris, el chico más fastidioso del mundo. Morris, quien había ido a buscarlo en plena oscuridad. Morris, quien probablemente había salvado su vida cuando lo ayudó a escapar de la taberna. Quizás no fuera un tipo alto y grande.

Quizás no supiera cuándo callarse. Pero era inteligente y fuerte, y era el mejor amigo que había tenido jamás.

—Así es —afirmó.

Morris asintió con la cabeza, como si hubieran llegado a un acuerdo.

—Vámonos —dijo.

Pasaron frente a la taberna y algo entre los escombros le llamó la atención a Leo.

Al principio, pensó que se trataba de una rata que salía de entre los ladrillos.

Pero no.

Era una mano.

CAPÍTULO 9

Tenía que ser Wilkie.

Leo había visto a Fletch salir por la puerta, pero no a Wilkie. Debió haberse quedado atrapado bajo la lluvia de ladrillos.

Sintió que el corazón se le aceleraba. Unos minutos atrás, habría deseado que Wilkie Barnes quedara enterrado bajo los escombros. Sin embargo, ahora Morris y él se precipitaban a apartar los ladrillos que cubrían al bravucón.

El aire se llenaba cada vez más de humo con

cada segundo que pasaba. Sin embargo, continuaron quitando ladrillos hasta que finalmente pudieron ver al chico. Estaba de lado y no se le veía la cara.

Morris le puso la mano en el cuello para tomarle el pulso.

—Está vivo —dijo—. Estoy seguro.

Pero Wilkie no se movía. Tenía encima dos

enormes vigas del techo cruzadas en forma de *X*, que probablemente lo habían protegido de haber sido totalmente aplastado. No obstante, ahora lo tenían atrapado. Leo y Morris trataron de levantar una de las vigas, pero era demasiado pesada.

Leo miró a su alrededor y vio una casa incendiada a solo unos pasos de allí. Las llamas salían por las ventanas como si fueran enormes brazos anaranjados que intentaban acariciar las casas cercanas. Muy pronto la calle estaría totalmente en llamas.

No sabía qué hacer. ¿Cómo podrían abandonar a Wilkie sabiendo que estaba vivo? Por otra parte, si se quedaban, morirían a causa del fuego.

De repente, Wilkie levantó la cabeza. Comenzó a empujar con fuerza y se quitó una de las vigas de encima. Tenía la cara blanca, llena de polvo, y la sangre le brotaba de una herida en la frente. Parecía un monstruo.

Leo y Morris no lo podían creer cuando lo vieron salir de entre los escombros, lanzando los ladrillos a un lado como si fueran nubes de algodón. Se sacudió el polvo y miró a su alrededor como si acabara de despertar de un sueño profundo.

—¿Y Fletch? —preguntó.

—Pudo salir —dijo Leo.

Wilkie suspiró, aliviado.

—¿Dónde está? —preguntó—. ¿Dónde está Fletch?

—Se fue —dijo Morris.

—¿No me buscó? ¿Me dejó atrás?

Morris y Leo se miraron. Ninguno de los dos quería decirle la verdad: Fletch lo había abandonado entre los escombros. Pero no hizo falta ninguna explicación. El rostro de Wilkie se llenó de ira. Agarró un ladrillo y lo lanzó contra la pila de escombros que era ahora la taberna. Luego lanzó otro, y otro y otro más. Tenía los ojos desorbitados y gruñía como un perro rabioso hasta que cayó al suelo sin aliento.

Miró a los chicos. Sus ojos, hundidos en la cara rechoncha, estaban llenos de confusión. Los labios le comenzaron a temblar y Leo pensó que rompería a llorar.

—Cuando estaba en la granja de trabajo en Seattle, un hombre me dijo que debía dedicarme a jugar al fútbol —dijo Wilkie—. Hay una escuela cara por allá, donde van los niños ricos. Me dijo que yo no tendría que pagar y que él me enseñaría todo lo que necesitaba saber. Dijo que podría llegar a ser un campeón. Pero no acepté por no abandonar a Fletch. Fui a prisión por su culpa y todos estos años he estado a su lado. ¿Y para qué? Para terminar en este montón de ladrillos.

Leo no sabía qué decir, pero Morris sí.

—Ven con nosotros.

Wilkie miró a Morris y luego a Leo. Este último tuvo la impresión de que jamás se había fijado en ellos.

—Deberíamos recuperar tu oro —dijo Wilkie,

secándose las lágrimas y poniéndose de pie.

—Fletch dijo que el oro había desaparecido —contestó Leo.

—Nunca le creas a Fletch. Él tiene tu pepita y yo sé a dónde fue.

Leo miró a Morris.

—Vamos.

CAPÍTULO 10

Wilkie los llevó hasta Market Street. Estaba seguro de que Fletch habría ido a la casa abandonada donde guardaban las cosas que robaban.

—Si la policía nos atrapaba, no podría encontrar nada —explicó.

Los chicos atravesaron por entre una multitud de personas. La mayoría de la gente se alejaba del lugar hacia donde ellos se dirigían. No era de extrañar. La destrucción se hacía más palpable a medida que avanzaban hacia el sur.

El edificio de una antigua pensión había quedado partido por la mitad. A otro, la tierra se lo había tragado casi hasta el tejado. Las líneas del tranvía estaban dobladas como si fueran una trenza. Una cuadra más adelante, unos hombres trataban de liberar a un caballo atrapado en un hueco de la calle.

Leo intentaba no mirar los edificios a su alrededor. No podía dejar de pensar si habría gente bajo los escombros.

También los incendios eran peores en esta zona. A cada paso el humo se hacía más denso y el aire, más caliente. Sintió que comenzaba a faltarle el aire.

Estaban a punto de cruzar Market Street cuando un coche de bomberos hizo repiquetear la campana y se detuvo frente a ellos. Los dos enormes caballos que tiraban del coche resoplaron. Estaban bañados en sudor.

Dos bomberos saltaron arrastrando una gruesa

manguera. La engancharon a un hidrante, pero apenas salía un chorrito de agua.

Un hombre con una camisa manchada de sangre corrió hacia los bomberos.

—Por favor, ayúdenme —les suplicó—. Todo lo que tengo está en mi casa, y está a punto de incendiarse.

El hombre señaló una casa, al otro lado de la calle, cuyo techo estaba en llamas. Justo al lado, algunos hombres sacaban caballos de un establo.

—Lo siento, señor —dijo el bombero más alto—. El terremoto destruyó muchas tuberías. Hemos revisado la calle y no hemos podido encontrar agua para combatir el fuego.

—¿Dejarán entonces que la ciudad se queme? —preguntó el hombre.

Los bomberos no respondieron, pero sus ojos, llenos de fatiga y miedo, hablaron por sí solos. San Francisco se estaba quemando y nadie podía impedirlo. Los bomberos enrollaron la manguera, subieron al coche y siguieron calle abajo.

Leo sabía que debían salir de ahí. Morris tenía razón.

—¡Es Fletch! —gritó Morris de pronto, señalando hacia el otro lado de la calle.

Leo lo vio. Llevaba encima un pequeño y andrajoso saco de harina.

—¡Fletch! —gritó Wilkie, y su voz retumbó en el aire.

El aludido se volteó, miró a Wilkie y echó a correr por el callejón que estaba justo al lado de la casa incendiada.

Para sorpresa de Leo, no fue Wilkie quien primero salió tras Fletch, sino Morris. Ambos desaparecieron en el callejón.

Leo y Wilkie los siguieron, pero al cruzar la calle, otra réplica sacudió la tierra.

La gente gritaba y corría por todas partes.

Los chicos escucharon un crujido encima de ellos. Un pedazo de tejado de la casa en llamas se desplomó sobre la acera. La basura que estaba en la calle también se incendió. El callejón quedó bloqueado por una cortina de fuego.

CAPÍTULO 11

Leo siguió corriendo hacia el callejón, pero Wilkie lo agarró por la camisa.

—No —le dijo—. ¡No hay manera de salir de ahí!

—¿Qué quieres decir?

—Es un callejón sin salida.

—¿Cómo lo sabes? —preguntó Leo.

—Me conozco cada callejón de esta ciudad —respondió Wilkie—, y ese no lleva a ningún sitio.

Leo sabía que tenía que hacer algo. No podía permitir que Morris muriera en ese callejón. ¿Cómo podría ayudarlo? Trató de pensar y, como de costumbre, sus pensamientos lo llevaron a su abuelo.

Recordó la historia espantosa del incendio forestal en la sierra. Aunque la había escuchado unas pocas veces, se acordaba de cada detalle.

Su abuelo había logrado cruzar el país hasta California. Unos días más de camino y llegaría a la tierra del oro. Había dejado su caballo y su carreta en un puesto de comercio para ir a cazar conejos al bosque. Necesitaría sus pieles para intercambiarlas por herramientas para extraer oro.

Había sido un verano caliente y seco. A cada paso que daba, encontraba árboles moribundos con las hojas secas. La hierba muerta crujía bajo sus botas. Era difícil ver algún verdor.

Su abuelo recorrió el bosque y atrapó algunos

conejos. En eso aparecieron unas nubes y sonrió aliviado. Una lluvia refrescante era justo lo que necesitaba, pero solo cayeron unas gotas.

Mientras tanto, los relámpagos atravesaban el cielo. Y, de pronto, *¡CRAC!*

Un rayo cayó sobre un árbol muerto, convirtiéndolo inmediatamente en una antorcha, seguido por otros rayos que se clavaban en la tierra como lanzas de fuego. Muy pronto el fuego estaba por todas partes. El viento, por su parte, avivó las llamas. En cuestión de minutos, su abuelo se vio atrapado en medio del incendio.

La temperatura se elevó hasta tal punto que el metal de su cinturón comenzó a derretirse, y él no sabía qué hacer. Se tiró al suelo y comenzó a caminar a gachas. Abajo, el humo no era tan denso. Apenas podía ver el arroyo hasta que llegó arrastrándose hasta allí. Agarró su pañuelo y lo empapó de agua, se lo puso ensopado en la cabeza, se llenó los pulmones de aire y corrió hacia las llamas.

Segundos después de atravesarlas, sus pantalones y la parte trasera de su chaqueta estaban incendiados. Se tiró al suelo y se revolcó hasta lograr apagar las llamas. Entonces, echó a correr.

Al llegar al puesto de comercio, nadie lo reconoció. Tenía la barba y las cejas chamuscadas, la cara llena de ceniza y los dedos ampollados. Sin embargo, una vez más, su astucia y su sangre fría le salvaron la vida.

—Necesito agua —le dijo Leo a Wilkie.

—Ya escuchaste a los bomberos —respondió Wilkie—. Ni ellos han podido encontrar agua.

Leo pensó por un minuto. Recordó a los hombres que estaban sacando a los caballos del establo.

"Donde hay caballos tiene que haber agua", pensó, y echó a correr.

Wilkie lo siguió. En efecto, en el establo había un abrevadero lleno de agua sucia. También había una manta.

Wilkie vio como Leo trepaba al abrevadero y

se mojaba de pies a cabeza. Luego, mojó bien la manta.

—¿Qué haces? —preguntó Wilkie.

—El agua me protegerá cuando entre al callejón —contestó Leo, sin aliento.

—No puedes entrar ahí. Esa manta no será suficiente.

—Lo lograré, lo lograré —dijo Leo, y continuó repitiéndose esas palabras mientras corría afuera.

A la entrada del callejón, se cubrió la cabeza y el cuerpo con la manta. Wilkie lo sujetó de nuevo.

—¡Suéltame! —gritó Leo—. ¡No hay tiempo que perder!

Pero Wilkie no estaba tratando de detenerlo.

—Voy contigo —dijo.

Leo abrió la boca para decirle que se quedara donde estaba, pero no había tiempo para discutir. Además, vio que nada detendría al chico. Estaba claro que se arriesgarían juntos.

Leo tuvo que ponerse en puntas de pie para poder cubrir a Wilkie con la manta.

—Cúbrete la cara y, cuando diga tres, ¡respira profundo y sal corriendo! —dijo; se llenó los pulmones de aire y aseguró la manta sobre sus cabezas—. ¡Uno, dos y tres!

Ambos chicos corrieron en dirección al fuego.

CAPÍTULO 12

Atravesar las llamas tomó apenas unos segundos, pero Leo supo que, mientras viviera, no olvidaría la sensación de ese calor abrasador. Parecía que el fuego tiraba de la manta como una bestia hambrienta que trataba de devorarlo. El fuego había alcanzado una de las patas del pantalón de Wilkie.

—¡Cuidado! —gritó Leo, apagando las llamas con la manta.

Los chicos se miraron atónitos: ¡lo habían

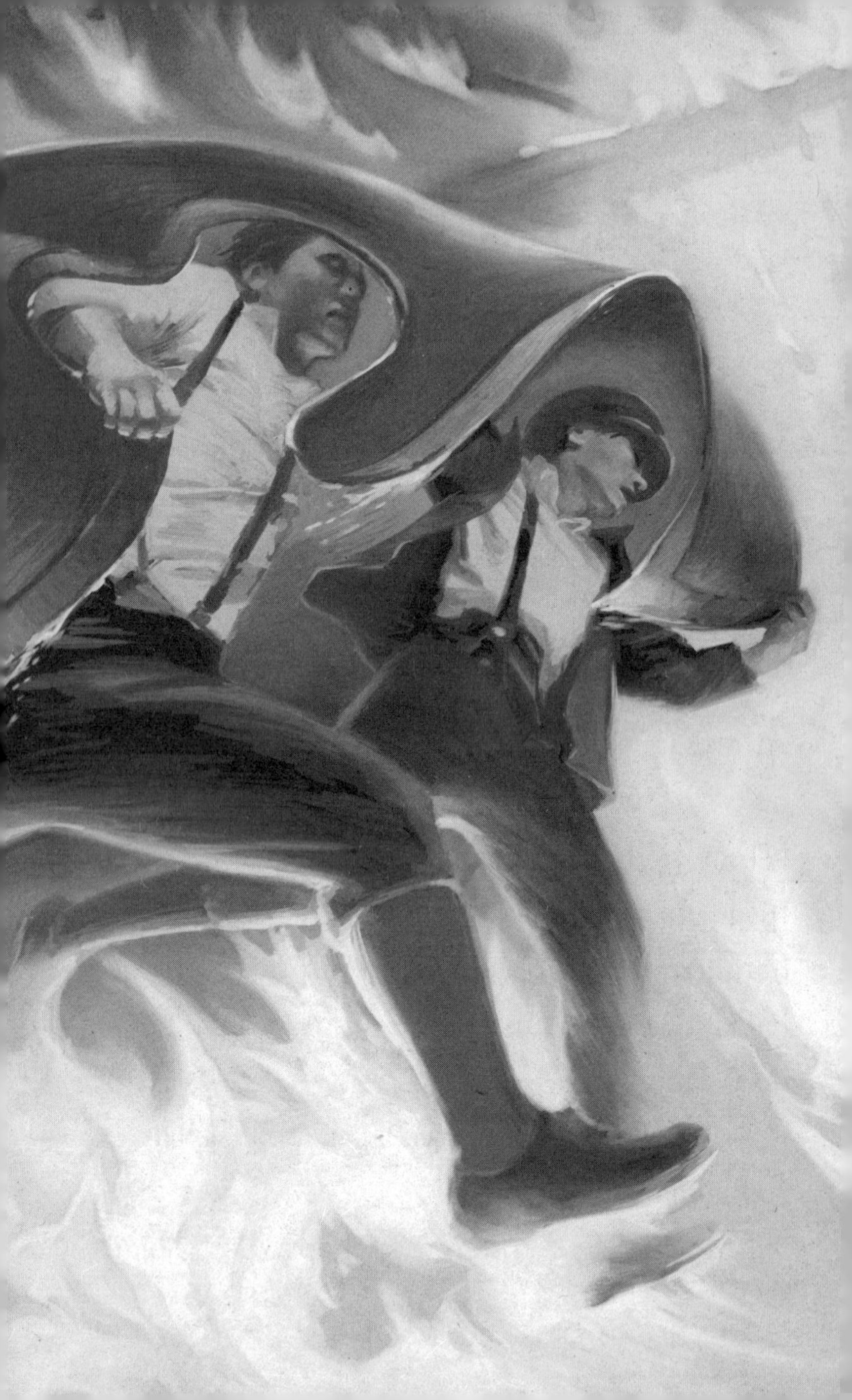

logrado! Aun así, había demasiado humo y les costaba respirar.

—¿Lo ves? —gritó Leo.

—No veo casi nada —dijo Wilkie.

Leo recordó que su abuelo había caminado a gachas.

—Agáchate —gritó, tirándose al suelo.

Abajo se veía un poco mejor, pero el calor era aún abrasador. El muro de fuego rugía tras ellos.

La gente en la calle les gritaba.

—¡Salgan de ahí!

—¡Se van a quemar!

—¡Es demasiado tarde!

Leo sabía que tenían apenas un par de minutos para encontrar a Morris y salir de allí. Los pedazos de vidrio de las ventanas rotas le cortaban las manos y las rodillas mientras avanzaba. El corazón le retumbaba del miedo y se sentía un poco mareado por el humo.

Ambos chicos comenzaron a llamar a Morris, pero entre los gritos de la multitud y el rugido de las llamas, era casi imposible que los escuchara.

Hasta que, finalmente, escucharon una débil voz.

—¡Leo! ¡Por aquí!

Leo siguió avanzando… hasta que su corazón le dio un vuelco. Acababa de ver la cabeza de Morris en el suelo.

Solo su cabeza.

Su cuerpo no estaba.

Wilkie llegó detrás, jadeando.

—¿Qué diab…?

Leo casi sale corriendo del susto, pero entonces comprendió: la cabeza de Morris no estaba desprendida de su cuerpo, sino que el chico había caído en un hueco. Solo su cabeza y uno de sus brazos habían quedado fuera.

—Me caí —dijo Morris—. No puedo respirar.

Wilkie agarró el brazo del chico con las dos manos y tiró con fuerza, pero Morris apenas se movió.

—Hay muy poco espacio y casi no me puedo mover —dijo—. Ten cuidado.

Poco a poco, Wilkie fue sacando a Morris de la tierra, como un agricultor saca una zanahoria gigante de su huerto. Con cada segundo que pasaba, el rugido del fuego se hacía más intenso. Leo estaba bañado en sudor.

Finalmente, Wilkie logró sacar al chico. Leo lo agarró y lo sostuvo hasta que logró estabilizarlo, pero no lo soltó.

—Estoy bien. Tenemos que salir de aquí —dijo Morris, y señaló una ventana abierta que estaba justo encima de un montón de basura—. Por ahí. Fletch se fue por ahí. Vio que me caí y lo llamé, pero no se detuvo.

La ira se apoderó de Leo, pero no había tiempo para pensar en eso ahora.

Los tres treparon a la montaña de basura. Wilkie fue el primero en llegar arriba. Se coló por la ventana y luego se estiró para ayudar a los otros a subir.

Aterrizaron dentro de una habitación. Sobre la cama había un tocador que, al parecer, había caído por un enorme hueco que había en el techo. Por suerte, la persona que vivía allí parecía haber escapado.

El calor era intenso. Leo estaba seguro de que algunas partes del edificio estaban en llamas. Rogó para que pudieran salir de allí a tiempo, antes que el fuego los alcanzara o el edificio colapsara con ellos dentro.

Encontraron las escaleras y comenzaron a bajar. Caminaban con cuidado, pero a cada paso que daban la escalera se tambaleaba. La madera chirriaba y crujía. Una pequeña réplica y todo el edificio se vendría abajo.

De pronto, Wilkie se paró en seco.

—Apúrate, Wilkie —dijo Leo, y entonces lo vio.

Un cuerpo yacía sobre el suelo. Al principio pensó que era una persona que vivía allí, pero entonces escuchó una voz ronca.

—Wilkie —gimió el cuerpo.

Era Fletch.

CAPÍTULO 13

Fletch miró a Wilkie y le sonrió dulcemente.

—Sabía que me encontrarías, mi amigo. Lo sabía. Estaba rezando por que así fuera y aquí estás.

Fletch sujetaba con fuerza el saco de harina.

—Toma —dijo, tendiéndoselo a Wilkie—. ¿Ves? Lo guardé para ti. Iba a regresar por ti, lo juro.

—Lo sé, Fletch —dijo Wilkie, con voz débil—. Sabía que no te olvidarías de mí.

Leo y Morris se miraron sin comprender.

¿Acaso Wilkie creía las mentiras de Fletch? ¿Se le uniría nuevamente?

—Ven —dijo Fletch—. Podemos compartir el botín con tus nuevos amigos también si quieres. Lo que quieras, lo que tú quieras.

—Voy a cuidar de ti, Fletch —dijo Wilkie. Su voz ya no sonaba débil.

—Claro que lo harás —dijo Fletch—. Somos un equipo, tú y yo. Nos cuidamos el uno al otro.

Wilkie le arrebató el saco de harina a Fletch y se lo dio a Leo.

—Tu oro está aquí —dijo—. Tómalo.

—Claro —dijo Fletch—. Por supuesto. Devuélvele el oro. Ahora todos somos amigos.

Leo hurgó en el saco. Estaba lleno de billetes y monedas, relojes y carteras, pero encontró su pepita de oro. Estaba caliente, como si hubiera estado en la mano de su papá minutos antes.

Le devolvió el saco a Wilkie, que retrocedió y miró a Fletch.

—Tú me dejaste por muerto —dijo Wilkie.

—¡No! —gritó Fletch—. Iba a regresar por ti. Iba hacia allí, te lo juro.

Leo podía ver la rabia dibujada en la cara de Wilkie. Era como si el calor y la furia del fuego lo hubieran poseído. El chico agarró un trozo de madera astillada y lo levantó por encima de la cabeza de Fletch.

Leo y Morris se le acercaron.

—¡No! —gritaron ambos, sujetándole los brazos.

Wilkie se los espantó de encima como si fueran moscas y fulminó a Fletch con la mirada. Estaba decidido a romperle el palo encima, pero Morris se movió rápidamente, interponiéndose entre ellos.

—No hay tiempo para esto —dijo con voz firme—. Tenemos que irnos.

Leo se quedó paralizado, temeroso de que

Wilkie le hiciera daño a Morris. ¿Qué sucedería entonces? Sin embargo, de algún modo, Morris siempre lograba que las personas le prestaran atención, quisieran o no.

Levantó el brazo y agarró el trozo de madera. Wilkie lo sujetaba fuertemente, pero dejó que Leo se lo quitara y levantó a Fletch de un tirón.

El chico gritó de dolor. Tenía la pierna torcida y necesitaba ir a un hospital. A Wilkie eso no parecía importarle. Arrastró a Fletch, que gritaba y cojeaba, hasta la calle y lo tiró en la acera, delante de dos policías que estaban allí.

—Quizás ellos te ayuden —dijo; escupió en el suelo y se fue.

Leo y Morris lo siguieron.

Ninguno de los tres se volvió a mirar a Fletch, aunque escucharon sus gritos roncos a sus espaldas.

Después de caminar algunas cuadras, encontraron a una mujer parada frente a una casa en llamas.

Sus cuatro hijos la rodeaban, con las ropas sucias y cubiertas de cenizas.

La mujer le hablaba a un soldado entre sollozos.

—¡Lo he perdido todo! —se lamentaba—. ¡Mi esposo, mi casa, todo! ¿Qué haremos ahora? ¿Qué será de mí y de mis hijos?

El soldado le dio una palmadita en el hombro a la mujer y siguió de largo.

Wilkie se paró en seco. Se acercó a la mujer y, sin decir palabra, le entregó el saco de harina. Luego se volteó y regresó junto a Leo y Morris.

Leo notó que la cara de Wilkie había cambiado. La dureza de su rostro había sido reemplazada por una expresión tranquila y serena. Wilkie no se volteó a mirar a la mujer, pero Leo sí lo hizo. La vio cómo abría la bolsa y miraba dentro. Nunca olvidaría su expresión de asombro.

A medida que caminaban, escuchaban noticias de nuevos incendios, nuevos barrios destruidos: todas las calles al sur de Market Street, Rincon Hill, el centro y el barrio chino. El ayuntamiento

había desaparecido, al igual que la biblioteca con su millón de libros. Los ojos de Morris se llenaron de lágrimas al enterarse.

Cientos de pequeños incendios se habían unido y formado una enorme tormenta de fuego que arrasaba con la ciudad. No había un solo vecindario seguro, así que continuaron caminando.

Leo nunca se había sentido tan cansado o sediento. Le dolía todo el cuerpo, le ardían los ojos y tenía heridas en las manos. No sabía dónde o cuándo terminarían aquella larga caminata, pero al menos estaba en una sola pieza. Eso debía contar.

Además, había recuperado su pepita de oro y tenía una sensación que no había sentido desde que murió su papá.

Caminando entre Wilkie y Morris, hombro con hombro, se dio cuenta en lo más profundo de su corazón de que no estaba solo.

CAPÍTULO 14

21 DE ABRIL DE 1906
SACRAMENTO, CALIFORNIA

Leo se paró en el andén en la estación de Sacramento. El sol brillaba en el cielo despejado.

A su lado, Morris parecía disfrutar del aire fresco. Todos a su alrededor eran refugiados de San Francisco, personas de todo tipo: damas elegantes, niños callejeros, familias chinas, apostadores desaliñados, hombres de negocios y ancianos. Sus abrigos y sombreros estaban cubiertos de ceniza y polvo. Algunos llevaban vendajes o caminaban con muletas, y todos tenían la misma expresión en el rostro: una mezcla de conmoción y alivio.

San Francisco había quedado atrás.

Miles de personas habían muerto, pero ellos habían escapado con vida.

Leo, Morris, Wilkie y otros miles de desconocidos habían Ilegado a la capital de California esa misma mañana.

El ferrocarril Southern Pacific le había regalado boletos a todo el que quisiera salir de San Francisco. Después de pasar tres días miserables en Golden Gate Park, los chicos querían irse lo más lejos posible de la ciudad. El parque se había convertido en un campamento. Los soldados repartían agua y comida, pero no era suficiente para todos. Leo y sus amigos habían esperado un día entero en una fila para que les dieran un pedazo de pan y un poco de

agua. Dormir era imposible a causa del llanto y los gritos.

Cuatro días después del terremoto, los incendios fueron finalmente extinguidos, pero el humo y la ceniza aún ocultaban el cielo. Cada vez que inhalaba, Leo recordaba lo sucedido.

Algunas personas en el campamento ya hablaban sobre la reconstrucción. Un predicador se paró frente a una multitud y le rogó que no abandonara San Francisco.

—Nuestra ciudad ha desaparecido —dijo—, ¡pero su espíritu está aquí! ¡Vamos a reconstruirla!

Leo le creía. Su abuelo había ayudado a construir esa ciudad la primera vez, cuando un montón de chozas en el lodo fue convertido en una de las ciudades más bellas del mundo. Pero necesitaba dejar las ruinas y el humo tras él. Incluso antes del terremoto, había estado buscando un nuevo comienzo. Wilkie y Morris deseaban lo mismo.

Los chicos salieron de Golden Gate Park y

caminaron durante tres horas, atravesando ruinas ardientes, hasta llegar a la estación. Se apiñaron en el primer tren en el que pudieron montar. Cinco horas después, respiraban aire puro y contemplaban edificios altos y firmes. La tierra no se movía.

Pensaron quedarse en Sacramento y vender periódicos; compartirían una habitación y se las apañarían de algún modo, pero su plan cambió de repente.

Esa mañana, los tres chicos fueron a un banco. En cuestión de una hora, Leo había vendido su pepita de oro. Estaba seguro de que eso era lo que su abuelo hubiera hecho y lo que su papá hubiese querido que hiciera.

Tenía suficiente dinero para comprarle a Wilkie un boleto de tren a Seattle. El chico buscaría al hombre que quería convertirlo en una estrella del fútbol.

—¿Por qué no vienen conmigo? —preguntó Wilkie—. Ustedes podrían jugar también. Podríamos estar todos en el mismo equipo.

—Ya estamos en el mismo equipo —dijo Morris con su tono de voz sabio.

Todos sonrieron. Menudo equipo que harían los tres.

Leo sabía que siempre estarían unidos, sin importar a dónde los llevara el destino.

Pero Morris y él no acompañarían a Wilkie. Ellos tenían su propio plan.

Había comprado dos boletos para la ciudad de Nueva York. Juntos se irían en busca de los primos de Morris y comenzarían una nueva vida allí.

Leo sabía que era una idea descabellada, pero no más descabellada que cuando su abuelo dejó New Hampshire en busca de fortuna en la tierra del oro.

Wilkie los contempló por un rato antes de montarse en el tren, como si estuviera grabando sus imágenes en la mente.

—Los volveré a ver —dijo.

Extendió la mano y Leo y Morris le pusieron las suyas encima. Los tres tenían los dedos arañados y cortados, negros de ceniza y mugre, con pedazos en carne viva, pero sus manos se veían fuertes, sobre todo cuando estaban juntas.

Sonó el silbato del tren. Wilkie se volteó y se apresuró a subir al vagón sin decir palabra, como había hecho cuando le dio el botín a aquella mujer desesperada.

Leo y Morris se quedaron de pie, en silencio, viendo como se alejaba el tren.

Luego se compraron unas botellas de leche fría y unos panecillos calientes.

Solo quedaba esperar por su tren.

Leo se palpó el bolsillo donde solía estar la pepita de oro.

—¿Extrañas tu pepita? —le preguntó Morris en voz baja.

—No —dijo Leo.

La palabra había salido rápidamente de sus labios y se sorprendió al escucharla, pero era verdad, no la extrañaba. Gracias a ella, él y Morris podían ir a donde querían.

Comprendió que su papá le había legado otras riquezas que no tenían precio: las historias de su abuelo y la confianza que sentía en sí mismo, en su propia suerte y en su valentía.

Eso también se lo había dado su papá, una fe más firme y brillante que el oro.

Ahora, mientras esperaba el tren, podía escuchar las palabras de su papá más claras que nunca.

Algo maravilloso iba a sucederle.

Tenía ese presentimiento.

MI HISTORIA DE SAN FRANCISCO

Escribo esta carta en San Francisco, desde un escritorio con vistas a la bahía. Visito esta ciudad con frecuencia, pero esta vez es diferente: en este viaje me acompañan mi esposo y mis hijos para desandar los pasos de Leo. Subimos hasta Rincon Hill, recorriendo los barrios multitudinarios del sur de Market Street y explorando las verdes colinas de Golden Gate Park. Cada mañana, despertamos con el manto de niebla gris de San Francisco y con el sonido de las campanas del teleférico.

Como todos los libros de la serie "Sobreviví", esta

es una obra de ficción histórica. Está basada en hechos reales y los lugares que menciono existen. Los personajes son producto de mi imaginación, pero paso tanto tiempo con ellos que se vuelven reales para mí.

Durante esta visita, tuve siempre la esperanza de encontrarme a Leo y a Morris sentados en alguna escalera de entrada a un edificio. Husmeando por los callejones oscuros del sur de Market Street, de alguna manera esperaba ver a Fletch y a Wilkie en sus andadas.

También me mantuve atenta a cualquier huella del terremoto y del incendio de 1906, pero todo lo que encontré fue un hermoso memorial dedicado a los heroicos bomberos. Supongo que es normal que la gente de San Francisco no quiera recordar ese terrible evento. Tres mil personas murieron en el terremoto y el posterior incendio de 1906. El ochenta por ciento de la ciudad fue destruido.

En aquella época, muchos pensaron que San Francisco no se recuperaría, pero en cuestión de tres años se construyeron 20.000 nuevos edificios. Una década después del desastre, la ciudad era mucho más espléndida que antes.

Aun así, los habitantes de San Francisco saben que el peligro siempre acecha bajo la superficie de la tierra. Esta hermosa ciudad forma parte de una de las regiones más propensas a terremotos del mundo. Un fuerte terremoto que golpeó la ciudad en 1989 destruyó muchos edificios y puentes y dejó sin vida a 63 personas. Los científicos pronostican que un día habrá un terremoto muy potente, pero nadie puede dar fechas exactas.

Ese pensamiento me atormentaba mientras estaba de visita con mi familia en la ciudad, pero decidí que era mejor no pensar en peligros ocultos y quizás muy lejanos. En lugar de eso, pensé en Leo y en Morris y en la felicidad que sentirían al saber que San Francisco se levantó de las cenizas de 1906 para convertirse en la ciudad floreciente que es hoy.

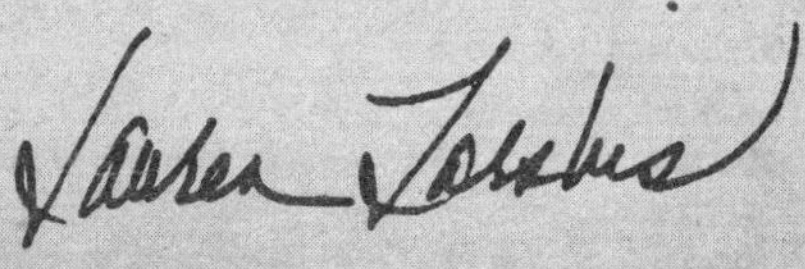

Esta foto de la calle Sacramento en San Francisco fue tomada por Arnold Genthe el 18 de abril de 1906.

Así luce la calle Sacramento en la actualidad.

PREGUNTAS Y RESPUESTAS SOBRE TERREMOTOS

¿Cuán fuerte fue el terremoto de San Francisco?

En 1906, la ciencia que estudia los terremotos, llamada **sismología**, apenas comenzaba a desarrollarse. No había instrumentos para medir los terremotos. Hoy día, los científicos que estudian los terremotos, llamados **sismólogos**, usan la escala de magnitud de momento (MMS, por sus siglas en inglés) para determinar la fuerza de un terremoto. El que golpeó el noreste de Japón en marzo de 2011 fue de 9,0 en dicha escala. Cualquier terremoto de 9,0 o más es considerado catastrófico. Los terremotos por debajo de 6,0 se consideran moderados. Los expertos estiman que el de San Francisco fue mucho menos intenso que el de Japón, y que probablemente sería de 7,9 en la escala sismológica, lo cual es considerado muy fuerte. Sin embargo, en San Francisco el fuego causó más daño que el propio terremoto.

¿Por qué suceden los terremotos?

Toda la superficie de la tierra está cubierta por una gruesa capa de roca llamada **corteza**. La corteza terrestre tiene muchas millas de grosor. Está dividida en 18 pedazos gigantescos, como las piezas de un rompecabezas. Estos pedazos de corteza, conocidos como **placas tectónicas**, siempre están en movimiento, deslizándose y chocando levemente entre ellas. Los bordes de las placas son irregulares y, en ocasiones, cuando las placas se deslizan, se quedan pegadas. La presión se acumula, a veces durante años, y, de pronto, se hace tan fuerte que las placas se despegan con un movimiento violento y repentino. Ese es el momento en que sucede el terremoto.

¿Dónde sucede la mayoría de los terremotos?

El ochenta por ciento de los terremotos del mundo sucede en un área alrededor del océano Pacífico conocida como "cinturón de fuego del Pacífico". Esta área tiene más de 450 volcanes activos y está situada sobre la placa del Pacífico, una enorme placa tectónica que se encuentra bajo dicho océano. La placa del Pacífico está en continuo movimiento, golpeando otras placas y causando más terremotos que ninguna otra. El movimiento de esta placa ha causado poderosos terremotos en Chile, Nueva Zelanda y Japón en años recientes. También fue la causa del terremoto de San Francisco de 1906.

¿Cuál es el terremoto más fuerte que se ha registrado?

El terremoto más fuerte que se ha registrado sucedió en Chile en 1960. Fue de 9,5 en la escala sismológica. El terremoto más *mortífero* que se conoce tuvo lugar en China central, en el año 1556. Ocurrió en una región donde la mayoría de las personas vivía en cuevas excavadas en piedra blanda. El terremoto hizo que las cuevas colapsaran. Se estima que murieron unas 830.000 personas.

OTROS DATOS SOBRE TERREMOTOS

- El estado más propenso a los terremotos en los Estados Unidos es Alaska. Fue allí donde ocurrió el terremoto más fuerte del país. Tuvo una potencia de 9,2 y golpeó el estrecho de Prince William el 28 de marzo de 1964.
- Los terremotos ocurren en todo Estados Unidos, pero son tan débiles que las personas ni

siquiera los sienten. Los únicos estados que no han experimentado terremotos en los años recientes son Wisconsin, Florida, Iowa y Dakota del Norte.

- Cada año, 10.000 terremotos tienen lugar en el sur de California. Casi todos son tan leves que las personas ni los sienten.
- Los **tsunamis** son olas gigantes causadas por los terremotos bajo el relieve oceánico.
- Los terremotos ocurren también en la Luna. Allí se llaman **lunamotos**.

¿Sobrevivirías otra historia emocionante basada en hechos reales?

¡Descubre el próximo libro de la serie en español!

SOBREVIVÍ

EL HURACÁN KATRINA, 2005

SOBREVIVÍ

EL NAUFRAGIO DEL *TITANIC*, 1912

INSUMERGIBLE. HASTA UNA NOCHE...

George Calder debe ser el niño con más suerte del mundo. Su hermanita Phoebe y él, acompañados de su tía, viajan a bordo del *Titanic*, el barco más grande jamás construido. George no puede resistir la tentación de explorar cada rincón del magnífico barco, aunque esto lo meta en problemas.

Entonces, sucede lo inimaginable. El *Titanic* choca con un iceberg y comienza a hundirse. George está varado, solo y asustado en el barco. Hasta ahora, siempre había podido escapar de los problemas, pero, ¿cómo podrá sobrevivir a este?

SOBREVIVÍ

LOS ATAQUES DE TIBURONES DE 1916

HAY ALGO EN EL AGUA...

Chet Roscow se siente finalmente en casa en Elm Hills, Nueva Jersey. Tiene un trabajo en la cafetería local de su tío Jerry, tres grandes amigos y el destino veraniego perfecto: el refrescante río Matawan.

Pero el verano de Chet se ve interrumpido por noticias escalofriantes. Un gran tiburón blanco ha estado atacando a los bañistas a lo largo de la costa de Jersey, no lejos de Elm Hills. Todos en el pueblo hablan de eso, así que, cuando Chet ve algo en el río, está seguro de que se lo ha imaginado… ¡hasta que se encuentra cara a cara con un sanguinario tiburón!

Foto por David Dreyfuss

Lauren Tarshis es la editora de la revista *Storyworks* y la autora de las novelas *Emma-Jean Lazarus Fell Out of a Tree* y *Emma-Jean Lazarus Fell in Love*, ambas aclamadas por la crítica. Vive en Connecticut y puedes encontrarla en **laurentarshis.com.**